D0735360

«MAIN CAST»

Et voici notre héros ! Yûgi se faisait taquiner par ses camarades, jusqu'au jour où il a résolu l'énigme du puzzle millénaire... Ce puzzle trouvé dans un tombeau égyptien lui donne des pouvoirs qu'il va utiliser pour devenir le garant de la paix !

MUTÔ YÛGI

Une copine d'enfance de Yugi, un peu garçon manqué, mais quand même très mignonne.

MAZAKI ANZU

Un brun un peu voyou, grand défenseur de l'amitié virile. Ce garçon a un cœur généreux et un tempérament chaud !

JÔNO-UCHI

Le grand ami de JÔNO-UCHI

HONDA

Le grand-père de Yugi, il tient la boutique de jouets "turtle game". C'est un très grand connaisseur en jeux.

MUTÔ SUGOROKU

LE MYSTÉRIEUX EGYPTIEN.

Un personnage clé qui va faire son apparition dans cet épisode. Mais qui est-il ?!

Sommaire

QU'EST-CE QUE ÇA PEUT FAIRE ? DE TOUTE FAÇON, VOUS AVEZ DU TEMPS, NON ?

OÙ T'AS L'INTENTION DE NOUS EMMENER ?

DIS-NOUS ?

D'APRÈS LE PLAN, ÇA DEVRAIT ÊTRE PAR LÀ.

ÇA A L'AIR D'ÊTRE AU FOND DE CETTE IMPASSE !

Battle 8 L'HOMME AU POISON !

ON DIT QUE LE PROPRIO DE LA BOUTIQUE EST GRAVE DANS SON GENRE.

L'ENDROIT OÙ JE VOUS EMMÈNE EST HYPER CÉLÈBRE POUR LES CONNAIS-SEURS...

JE SAIS PAS MAIS LE COIN A L'AIR LOUCHE...

OUAIS, C'EST LÀ QUE JE VAIS TROUVER CE QUE JE CHERCHE !!!

ÇA A L'AIR TROP LOU-CHE !!

LE JUNKIE SCOR-PION !

JUNKY SCORPION

UWOH !! ON Y EST !! C'EST LÀ !!!

ELLES SONT COTÉES À PLUS DE 5000 F, MAIS JE VEUX BIEN TE LES FAIRE À MOITIÉ PRIX !

JE TE LES VENDS !

OK !

FAIS ATTENTION DE NE PAS TE RETROUVER PIEDS NUS !

MUSCLE HUNTER !!

IL EST DANGE-REUX DE LES PORTER EN VILLE...

JUSTE UNE MISE EN GARDE. ACTUEL-LEMENT...

OUAIS !!!

HÉ HÉ...

IL PARAÎT QU'UNE BANDE DE CRÉTINS DU NOM DE MUSCLE HUNTER RÔDE EN VILLE À LA RECHERCHE DE BASKETS DE COLLECTION...

DU CALME...

KRLIPS KRLIPS KRLIPS

RU...

UNE SACRÉE ENFLURE !

T'AS VU LE PATRON DU MAGASIN ?

16

17

TCHiiNG

!!

HUM ?!

HE HE

ALLEZ, APPROCHE !! ATTRAPE !

SLIP

MAIS...?! POURQUOI METTRE DES PIÈCES DEDANS ?!

ZDOONG

!!

QUI C'EST, CE MORVEUX ?!!

LA RÈGLE EST SIMPLE ! J'AI MIS DIX PIÈCES DEDANS AVEC LE SCORPION... LE JEU CONSISTE À RÉCUPÉRER LES PIÈCES UNE À UNE AVEC LA MAIN !

CELUI QUI RÉCUPÈRE LE PLUS DE PIÈCES GAGNE !

MAIS CETTE FOIS, IL Y A VRAIMENT UN SCORPION DANS LA CHAUSSURE !

MUH...!!

CE N'EST QU'UN JEU ! POUR FAIRE COMME TOI, TU VAS PASSER UN TEST D'APTITUDE !!

JE SUIS QUAND MÊME UN COMMERÇANT !

SI ON PARIAIT ? 5000 F PAR PIÈCE RÉCUPÉRÉE ?!

JE VEUX BIEN JOUER MAIS À UNE SEULE CONDITION...!

DONG

D'ACCORD, J'ACCEPTE !

5000 PAR PIÈCE !

MAIS SI JE GAGNE, JE RÉCUPÈRE LES BASKETS.

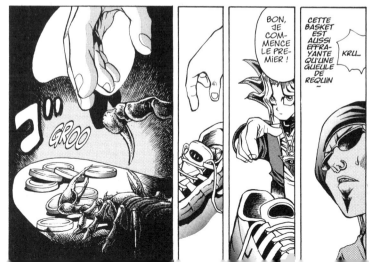

GROO

BON, JE COMMENCE LE PREMIER !

CETTE BASKET EST AUSSI EFFRAYANTE QU'UNE GUEULE DE REQUIN...

KRU...

ET D'UNE ...

PFFFH !

...

...

GROOOO

GENTIL GARCON !!

PFFFH

RISQUER SA PEAU POUR RETIRER UNE PIÈCE... TU PARLES D'UN JEU !!

IL VA TOUT DE MÊME PAS AGRESSER SON MAÎTRE...?

FOUM FOUM

PFUAH, TU PARLES D'UN INSECTE DE COMPAGNIE !!

À MON TOUR...

HE HE HE... Y A UN MOYEN D'Y ARRIVER !

FUUUH

... SOUTIRER UN MAX DE FRIC À CE MORVEUX... IL FAUT QUE JE TROUVE UN MOYEN D'ATTRAPER UN MAXIMUM DE PIÈCES EN UNE SEULE FOIS...

MON NIVEAU ME PERMET DE JOUER DANS DES TOURNOIS NATIONAUX !

COMMENT VOULEZ-VOUS GAGNER FACE AUX CARTES PUISSANTES QUE J'AI COLLECTION-NÉES ?!

JE N'AI PAS DE TEMPS À PERDRE AVEC DES DÉBUTANTS !!!

HA HA HA ! VOUS RÊVEZ !

— QUE DES CARTES NULLES !

GAFFE À MES CARTES !!

VOUS ÊTES SÛRS D'AVOIR LE NIVEAU POUR Y JOUER ?

IL N'EN EST PAS QUES-TION !

FAIS-MOI VOIR TES CARTES...

IL ME PREND SÉRIEU-SEMENT LA TÊTE !

JE PERDS JAMAIS À LA BASTON !

LAISSE TOMBER... ON JOUERA ENSEMBLE...

VOUS VIENDREZ ME VOIR QUAND VOUS EN AUREZ AU MOINS 10 000... HÉ HÉ...

HUM...

OUI, BIEN SÛR...

S'IL Y EN A, JE VEUX BIEN T'EN ACHETER...

DIS-MOI, LE VIEUX, T'ES SÛR QUE DANS TA BOUTIQUE, IL Y A DES BONNES CARTES ?

VOICI LA VERSION JEU DES TÉNÈBRES DE "MAGIC AND WIZARDS" !!!

GROOO

GROOO

!!!

LE PERDANT DOIT SE SOUMETTRE AU JEU DE LA SANCTION !

L'IMAGE DE LA CARTE SE MATÉRIALISE...

AH...

AH...

LA CARTE PERDANTE DISPARAIT ?!

J'AI... PERDU...

MMH !

TES POINTS VIENNENT DE TOMBER DE 2000 À 1500, N'OUBLIE PAS QUE LE PREMIER QUI SE TROUVE À ZÉRO POINT EST LE PERDANT !

"MAGIC AND WIZARDS"... LE JEU DES TÉNÈBRES !!!

LA CARTE EST EN TRAIN DE DISPARAÎTRE

Les points de vie de Yugi : 2000 pts

Battle 10 LA CARTE AUX LONGS CROCS (seconde partie)

LE PERDANT SE SOUMETTRA AU JEU DE LA SANCTION, IL VA FAIRE L'EXPÉRIENCE DE LA MORT !

HA HA HA ! TRÈS DRÔLE...

VOILÀ LE JEU ULTIME DONT J'AI TOUJOURS RÊVÉ !!

L'EXPÉRIENCE DE LA MORT !!

Les points de vie de Kaiba : 1500 pts

MA PROCHAINE CARTE EST...

LA CARTE DE HOLY ELF !

GROOO

MAGIC AND WIZARDS battle system

Il existe deux sortes de cartes, celles des monstres et celles de la magie.

Le battle des monsters cards

Sur les monsters cards, on retrouve les points d'attaque et ceux de défense. Quand on a tiré la carte, on précise s'il s'agit d'une attaque ou d'une défense.
1) ATTAQUE CONTRE ATTAQUE celui qui a les points d'attaque supérieurs gagne. La carte du perdant disparaît et les points qu'il a perd vont augmenter les points de vie du vainqueur.
2) ATTAQUE CONTRE DÉFENSE Si les points de la carte d'attaque sont supérieurs à ceux de la défense, la carte d'attaque gagne et celle de la défense disparaît. Par contre, les points de vie ne bougent pas.
Si la carte de défense a plus de points que celle de l'attaque, la différence de points est soustraite des points de vie de celui qui porte l'attaque. La carte ne disparaît pas.

La carte de la magie ne sert pas à attaquer, mais elle permet d'affiner une stratégie.

HOLY ELF ★★★★

Attaque 800
Défense 2000

JE VAIS JOUER LE MINOTAURUS EN DÉFENSE.

Si JE NE FAIS PAS ATTENTION, JE VAIS PERDRE DES POINTS...

OUPS...! LA DÉFENSE DE L'ELFE DOIT ÊTRE PLUS FORTE QUE MES POINTS D'ATTAQUE...

EN REVANCHE, JE NE PEUX RIEN FAIRE CONTRE L'ATTAQUE DU MINOTAURUS...

HOLY ELF A UNE DÉFENSE SUPÉRIEURE...

HOLY ELF
attaque 800
défense 2000

La façon d'afficher les cartes.

position d'attaque

position de défense

PFHH... LA SITUATION A L'AIR FIGÉE...

ON VA ÊTRE OBLIGÉS DE TIRER DES CARTES SUPPLÉMENTAIRES JUSQU'À CE QU'ON PUISSE SE DÉPARTAGER...

À MOI DE TIRER UNE CARTE...

SI LE MINOTAURUS CONTINUE À PRENDRE DES FORCES, JE SUIS MAL !

QUELLE CARTE DE MAGIE A-T-IL PU TIRER....?!

VIVEMENT MON TOUR !

Quand la carte n'est pas retournée, ça veut dire qu'il s'agit d'une carte de magie, on ne la montre qu'au moment de s'en servir !

HE HE... JE CROIS QUE JE TIENS UNE BONNE CARTE !

JE VAIS RENFORCER LES POUVOIRS DU MINOTAURUS !

BON, T'ES PRÊT ?!

AVEC CETTE CARTE DE MAGIE...

ÇA VA MAL... UNE CARTE DU TYPE UNDEAD, JE NE PEUX RIEN FAIRE AVEC ÇA !

WHITE ★★

Attaque 300
Défense 200

HE HE HE...

UWOOOOW

LE GIANT GROWTH (MAGIE)

Le monstre qui en bénéficie augmente sa taille et ses points d'attaque et de défense de 20 %.

PERMU-TATION !!

AVEC UNE FORCE D'ATTAQUE DE 2040 PTS, LE MINOTAURUS VIENT DE DÉPASSER LES POINTS DE DÉFENSE DE L'ELFE !

ZUUUUMFH

!!

MINOTAURUS
attaque 1700 -> 2040
défense 1000 -> 1200

GRÂCE À CE SORT DE MAGIE, LE MINOTAURUS VIENT DE PRENDRE 20 % DE PUISSANCE SUPPLÉMENTAIRE !!

ET MAINTENANT, L'ATTAQUE ! UN BAIN DE SANG POUR L'ELFE !!

ZBAAAAM

QUELLE QUE SOIT LA CARTE QUE TU VAS SORTIR, LE MINOTAURUS VA LES MASSACRER !!

ET DANS LA FOULÉE, ON SE DÉBARRASSE DE CE BON À RIEN DE WHITE !!

WAH HA HA HA !!

MUSHROOM MAN ★★★

Attaque 800 Défense 600

YÛGI, TU DEVRAIS ABANDONNER, TU NE PEUX PAS GAGNER !

HE HE HE...

Les points de vie de Kaiba : 1500 pts

À CHAQUE TOUR, LES CARTES DE YÛGI SE FAISAIENT BALAYER PAR LES ATTAQUES DU MINOTAURUS !

Les points de vie de Yûgi : 500 pts

60

OURQUOI ?!!

KOAAA ?!!

TU VEUX SAVOIR POURQUOI IL N'ATTAQUE PAS ?

KAIBA, JE CROIS QUE TU N'AS RIEN COMPRIS À CE JEU...

LA CARTE DU WHITE DRAGON N'EST PAS IMPRÉGNÉE DE TON ÂME !!

POURQUOI ? IL NE VEUT PAS ATTAQUER ?!!

HEIN ...?!

Battle 11 LES TARÉS (première partie)

CE JOUR-LÀ, J'AI PRIS LE BUS COMME D'HABITUDE.

JE SUIS ALLÉ SALUER MES AMIS COMME TOUS LES MATINS...

SALUT YÛGI !

SALUT ANZU !

JE SUIS ARRIVÉ À L'ÉCOLE COMME TOUS LES JOURS À 8 H 20...

MAIS AUJOURD'HUI, IL Y AVAIT QUELQUE CHOSE DE DIFFÉRENT...

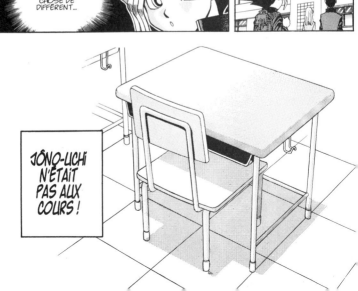

JÔNO-UCHI N'ÉTAIT PAS AUX COURS !

NON... IL M'A RIEN DIT...

HONDA, T'ES AU COURANT POUR JÔNO-UCHI ?

C'EST BIEN LA PREMIÈRE FOIS QU'IL S'ABSENTE...

JÔNO-UCHI EST ABSENT ?!

C'EST LA MEILLEURE !!!

IL Y A MOINS D'AMBIANCE SANS LUI.

EN CLASSE, IL EST NUL !

LUI QUI N'EST BON QU'EN ÉDUCATION PHYSIQUE !

JE VIENS AVEC VOUS !

AUJOURD'HUI J'AI PAS DE TRAVAIL...

D'ACCORD.

MOI, JE SAIS OÙ IL HABITE.

ON IRA CHEZ LUI APRÈS LES COURS !

77

ON A FAIT TOUS LES COINS OÙ IL EST SUSCEPTIBLE DE GLANDER.

Y A RIEN À FAIRE... INTROUVABLE !

OUI...

JÔNOUCHI...

YÛGI, T'INQUIÈTE PAS POUR ÇA !

YÛGI, ALLEZ, ON RENTRE !

Y A PAS DE QUOI S'INQUIÉTER POUR LUI.

IL VA CERTAINEMENT REVENIR DEMAIN !

JE VAIS CONTINUER À CHERCHER... IL EST TARD, VOUS DEVRIEZ RENTRER CHEZ VOUS...

HÉ, TOI !!!

78

PAS FACILE À TROU- VER...

HIRUTANI FLUME DES DRÔLES DE CLOPES ÉTRANGÈRES...

TIENS... Y EN A UN QUI SORT !

JE PEUX EN PRENDRE JUSQU'À TROIS À LA FOIS... HÉ HÉ...

BIM BOM ド☆カ☆☆バ☆ラ゛ッ

UHMPS!

YOH !!

QUE... QUOI...?

BORDEL, MAIS TU VAS PARLER, OUI ?!!!

HÉ...

J'EN SAIS RIEN...

ALLEZ, JE T'ÉCOU- TE !

TU VAS ME DIRE POURQUOI JÔNO-UCHI TRAÎNE AVEC LES MECS DU RINTAMA !

AT-TENDS...

D'AC-CORD...

Hii...

ON DOIT ÉLARGIR NOTRE ZONE D'INFLUENCE, ON COMMENCE PAR OÙ ?

HIRU-TANI...

JÔNO-UCHI, JE SUIS CONTENT DE TE COMPTER PARMI NOUS !

ON VA REMETTRE ÇA, COMME DANS LE TEMPS !

UHM ?

GRRR

VOUS N'AVEZ PLUS DE CIGA-RETTES ?

TENEZ, PRENEZ L'UNE DES MIENNES

QU'EST-CE QUE T'AS À ME REGAR-DER COMME ÇA ?

JÔNO-UCHI...

QU'EST-CE QUE T'AS ?

JONO-UCHI N'A PAS ACCEPTÉ TOUT DE SUITE...

Y COMPRIS JONO-UCHI...

HIRUTANI AVAIT BESOIN D'ÉTENDRE L'INFLUENCE DE SA BANDE. C'EST POUR ÇA QU'IL A RECONTACTÉ SES ANCIENNES RELATIONS...

VAS-Y, EXPRIME-TOI !

QUOI, QU'EST-CE QUE T'AS DEPUIS TOUT À L'HEURE ?

SA MENACE...

HÉ HÉ... APRÈS ÇA, JONO-UCHI A COMMENCÉ À BLÊMIR !

IL A MENACÉ JONO-UCHI.

MAIS HIRUTANI EST UN RUSÉ.

Battle 12
LES TARÉS
(seconde partie)

UN COIN TRANQUILLE POUR LA PUNITION !

LÂCHEZ-MOI, ABRUTIS !!

ALLEZ, ON L'EM-MÈNE !

ON VA CHANGER D'ENDROIT.

PLOB

PLOB

J'Y VAIS SEUL !

YÛGI... ANZU...

VOUS, VOUS ALLEZ RESTER ICI !

IL FAUT QU'ON LE SORTE DE LÀ.

JÔNO-UCHI...

BANG

JE PRÉFÈRE VOUS ÉLOIGNER DE CETTE RACAILLE !!

MAIS...!!

HONDA !!!

97

TU T'ES TOUJOURS PRIS POUR MON ÉGAL !

T'ES TOUJOURS LE MÊME QU'AU TEMPS DU COLLÈGE !

JÔNO-UCHI...

URGS ...

ZBAAAM

ZBOM

BOM

...

J'AI EU TORT À L'ÉPOQUE DE NE PAS T'AVOIR CORRIGÉ

POUR QUE TU COMPRENNES BIEN QUE C'EST MOI QUI SUIS LE CHEF.

TU ÉTAIS LE DEUXIÈME DE LA BANDE...

MAIS IL Y AVAIT UN TRUC QUE JE NE SUPPORTAIS PAS...

C'EST VRAI QU'À NOUS DEUX ON CRAIGNAIT PAS GRAND MONDE...

NOTRE BANDE ÉTAIT CONNUE JUSQUE DANS LES LYCÉES. ON L'AVAIT MÊME PAS MAL DE DISCIPLES...

UN TRUC À TE FAIRE PÉTER LA MÉMOIRE. LA TOTALE... HÉ HÉ...

NE SOIS PAS IMPATIENT, ON VA COMMENCER LE MENU SPÉCIAL...

JE ME SOUVIENS ENCORE D'AVOIR FOUTU UNE RACLÉE À TA BANDE DE MINABLES ...

J'AI UNE BONNE MÉMOIRE. JE SAURAI TE RENDRE CE QUE TU VIENS DE ME DONNER !

ALORS ? C'EST DÉJÀ FINI ? JE CROYAIS QUE JE DEVAIS PERDRE CONNAISSANCE ?!

J'M'EN DOUTAIS...

HA HA...

C'EST BIEN TOI LE CHEF DES MACAQUES !!!

URPS...

JÔNO-UCHI, TU VAS CREVER !

JE CROIS QUE TU VAS PÉTER LES PLOMBS AVEC ÇA... TU VAS PEUT-ÊTRE MÊME EN MOURIR !!

TU MAINTIENS LA GÂCHETTE ET L'ÉLECTRICITÉ CONTINUE À CIRCULER...

REGARDE, IL Y A 20 000 VOLTS LÀ-DEDANS.

ENFOI-RE !

ARPS...

ZBAAAM

EN-FLURE !!!

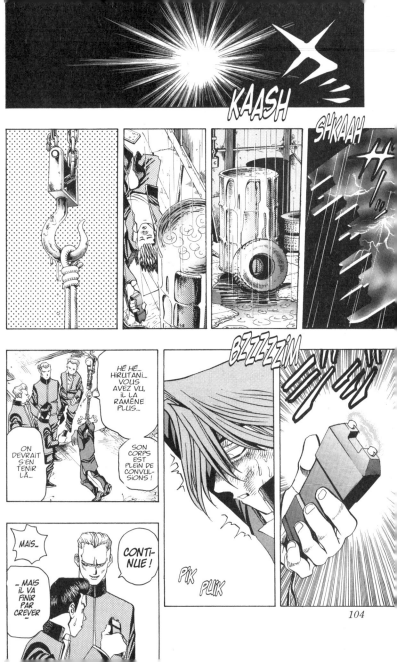

KAASH

SHKAAH

BZZZZZZIM

HÉ HÉ... HIRUTANI... VOUS AVEZ VU, IL LA RAMÈNE PLUS...

SON CORPS EST PLEIN DE CONVUL-SIONS !

ON DEVRAIT S'EN TENIR LÀ...

MAIS...

... MAIS IL VA FINIR PAR CREVER...

CONTI-NUE !

PIK PLIK

UHM...

IL ME SEMBLE QUE JE L'AI DÉJÀ VU... C'EST LE POTE DE JÔNO-UCHI...

JÔNO-UCHI, AVEC DU RENFORT COMME ÇA, JE CROIS QUE T'ES FOUTU...

HA HA HA HA !!!

C'EST QUI CE MORVEUX ?

HÉ, GAMIN ?

C'EST PAS UN ENDROIT POUR LES GAMINS...

SPLASH

T'AS COMPRIS ?

BOUM

106

PAS SÛR QUE CE NE SOIT QUE DE LA TCHACHE...

CE QU'IL VIENT DE DIRE...

ÇA VEUT DIRE QUE...

J'AI MÊME PAS FAIT ATTENTION...

AH !

!!

REGARDE !! ON EST COMPLÈTEMENT TREMPÉS PAR LA PLUIE...

OUI... SI ON UTILISE NOTRE MATOS, L'ÉLECTRICITÉ SE PROPAGE SUR TOUTE LA FLAQUE D'EAU...

EN SE RAPPROCHANT DE LUI, ON S'EST COUVERTS DE PLUIE...

20 000 VOLTS, C'EST ÇA QU'IL APPELLE "LA MINE" !

IL S'EST LAISSÉ FAIRE POUR MIEUX NOUS ATTIRER SOUS LA GOUTTIÈRE...

COMME TU LE DÉSIRAIS, ON VA TE FAIRE TA FÊTE !

HA HA HA... JE CROIS QU'ON A GAGNÉ !!

DASH

A...

IL SUFFIT DE NE PAS UTILISER LE VOLT-GUN...

PAR CONTRE, TU VAS GOÛTER DU PUNCH !!

KRU KRUUU... ON L'A TROUVÉ, TON DÉTONATEUR !

!!

BZZZZZZiiiM

GYAAAAAH

ANZU...

AH, HONDA !

!!

STASH

YOGI, T'ES DANS UN SALE ÉTAT...

MAIS QU'EST-CE QUI...

ÇA VA ALLER POUR LUI ?!

YOGI !

JÔNO-UCHI !

YÛ...

YÛGI !

YÛ...

URRH...

JÔNO-UCHI !

ON RENTRE TOUS ENSEMBLE !!!

JÔNO-UCHI...

NICHI SHIMBUN

Année X Mois Y Jour X

La momie du Pharaon dans son sarcophage.

le professeur Yoshimori et le conservateur Kanekura

Une découverte de l'équipe archéologique de l'université Domino, construit entre 1580 et 1314 av. JC, ce tombeau daterait de l'époque du Moyen Empire.

ÉGYPTE LA PLUS GRANDE DÉCOUVERTE ARCHÉOLOGIQUE DE CETTE FIN DE SIÈCLE. UN TOMBEAU ROYAL DANS LA VALLÉE DES ROIS !!

GONG

LE TRÉSOR ET LA MOMIE DOIVENT ÊTRE EXPOSÉS BIENTÔT AU JAPON.

ILS ONT TROUVÉ UN TRÉSOR !!

DINGUE ! ON A DÉCOUVERT UN TOMBEAU ROYAL EN ÉGYPTE !!

HO HO

Battle 13
L'HOMME QUI VENAIT D'ÉGYPTE
(première partie)

DEUX MOIS PLUS TARD...

UNE EXPO D'ARCHÉO-LOGIE ÉGYPTIENNE ?!

C'EST LE PROFESSEUR YOSHIMORI, IL NOUS INVITE À L'EXPO !

LE CHERCHEUR QUI A DÉCOUVERT LE TOMBEAU EST UN AMI DE GRAND-PÈRE.

ÇA A L'AIR COOL ! ON Y VA ?

OUI ! ILS VONT L'INAUGURER TOUT À L'HEURE AU MUSÉE MUNICIPAL !

GIRPS

ERPS... UNE MOMIE ?!

ON VA S'ATTIRER DES MALÉDICTIONS ?!

IL PARAÎT QU'ILS ONT TROUVÉ UNE MOMIE !

J'AI LU SON NOM DANS LE JOURNAL.

JUSQU'EN 1921, LA MOITIÉ D'UN TRÉSOR APPARTENAIT À CELUI QUI LE TROUVAIT, MAIS DEPUIS, TOUTE DÉCOUVERTE EST PROPRIÉTÉ DE L'ÉTAT ÉGYPTIEN !

HA HA... ÇA SERAIT BIEN, MAIS CE N'EST PLUS LE CAS !

TOUT CE TRÉSOR APPARTIENT À CELUI QUI L'A DÉCOUVERT ?!

DINGUE !

C'EST POUR ÇA QUE CELUI QUI A DÉCOUVERT LA TOMBE DE TOUTANKHAMON EN 1922 N'A MÊME PAS PU GARDER UN SEUL OBJET.

PRENEZ VOTRE TEMPS...

JE DOIS ALLER M'OCCUPER DE L'ACCROCHAGE DU PUZZLE, JE VOUS LAISSE !

PAR CONTRE, RIEN NE VAUT LA JOIE INDESCRIPTIBLE DU MOMENT DE LA DÉCOUVERTE D'UN SITE HISTORIQUE.

HA HA, PAS VRAIMENT ! IL N'Y A PAS PLUS INGRAT QUE LE MÉTIER D'ARCHÉO-LOGUE...

JE PENSAIS QUE LES ARCHÉOLOGUES ÉTAIENT DES GENS QUI RÊVAIENT DE CHASSE AU TRÉSOR...

HÉ HÉ...

CETTE JOIE EST TELLE QUE JE NE PEUX PAS ARRÊTER CE MÉTIER !

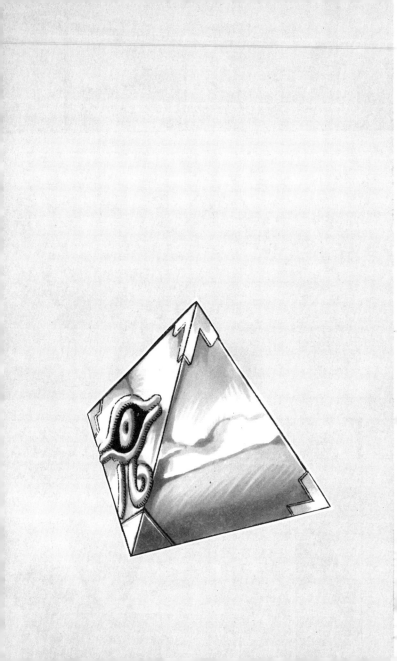

MAINTENANT, ON VA ALLER VOIR LES MOMIES !

HEIN ?! ON DOIT VRAIMENT VOIR DES MOMIES...?

JÔNO-UCHI A LA TROUILLE... LA HONTE !

SI LA BALANCE PENCHE DU CÔTÉ DES MÉFAITS, LE DÉFUNT SERA LIVRÉ AUX MONSTRES DES TÉNÈBRES !

ON DIRAIT UN EMMA DE HAGIWARA, "FAÇON ÉGYPTIENNE" !

LE DÉFUNT DOIT SE SOUMETTRE AU JUGEMENT DU ROI DE L'AU-DELÀ, LA BALANCE DOIT JUGER DES MÉFAITS ET BIENFAITS DE L'EXISTENCE DU DÉFUNT...

CE PAPYRUS REPRÉSENTE LA SCÈNE DU JUGEMENT DES MORTS.

ZOMB

!!

UHM...?

LA MALÉDICTION, ÇA N'EXISTE PAS !

ON SE CASSE DE LÀ, ON VA S'ATTIRER DES MALÉDICTIONS !

ERRRRPS !

UN EGYPTIEN...?

...?!

!

LA PROCHAINE FOIS, JE SERAIS RAVI DE VOUS ACCUEILLIR DANS MON LABORATOIRE À L'UNIVERSITÉ...

HO HO... PROFESSEUR YOSHIMORI ! JE VOUS REMERCIE POUR LA VISITE !

C'ÉTAIT SUPER !!

CA ME DONNE ENVIE D'ALLER EN EGYPTE.

AU REVOIR !!

JE DOIS RETOURNER À L'UNIVERSITÉ...

MOI, JE RENTRE CHEZ MOI !

JE DOIS M'OCCUPER DE LA BOUTIQUE...

JE DOIS RÉCUPÉRER MON PUZZLE AVANT DE RENTRER !

JE CROIS QUE JE VAIS ATTENDRE LA FERMETURE !

ET MAINTENANT ? QU'EST-CE QU'ON FAIT ?

L'EGYPTE ANCIENNE

16 H 30 ...

PLUS QUE 30 MINUTES ...

À DEMAIN !

BYE BYE !!

ALORS, ON SE SÉPARE TOUS ICI !

CONNAIS-TU LE PSAUME 125 DU LIVRE DES MORTS ? CELUI DU JUGEMENT DERNIER...

CETTE BALANCE MESURE LA VÉRITÉ !

BAH, CE NE SONT QUE DES SUPERSTITIONS D'UN AUTRE ÂGE...!

SI JAMAIS LE PÉCHÉ EST PLUS LOURD QUE LA PLUME DE LA VÉRITÉ, LA BALANCE SE SOULÈVE DU CÔTÉ DE L'AILE DE LA VÉRITÉ ET LE DÉFUNT SERA PUNI ET LIVRÉ AU MONSTRE ?? DES TÉNÈBRES AMEMIT...

LE DERNIER JUGEMENT... LE DÉFUNT DOIT SE SOUMETTRE AU VERDICT DE LA BALANCE DEVANT OSIRIS... SON EXISTENCE SERA JUGÉE PAR LA BALANCE. D'UN CÔTÉ DE LA BALANCE, IL Y A LA PLUME DE LA VÉRITÉ ET DE L'AUTRE, LE CŒUR (L'ÂME) DU DÉFUNT... ELLE SERT À MESURER LE POIDS DE SES ÉVENTUELS PÉCHÉS...

LE JEU DES TÉNÈBRES !!!

ON VA COMMENCER UN JEU !

MA CHAISE... VIENT DE SE META-MOR-PHO-SER !!!

HEIN ~?

CE MONSTRE VIT DANS UNE CHAMBRE DE TON ÂME...

C'EST AMENIT ~

ENFIN, LA DERNIÈRE QUESTION.

TU AS VIOLÉ LA TRANQUILLITÉ DU DIEU POUR T'EMPARER DU TRÉSOR ET EN PROFITER POUR T'ENRICHIR, N'EST-CE PAS ?

140

HUM...

MON PUZZLE N'EST PLUS EXPOSÉ, IL DOIT ÊTRE CHEZ LE CONSERVATEUR.

BOUH !!

CE MUSÉE EST UN VRAI LABYRINTHE...

JE VAIS UTILISER MA CLÉ MILLÉNAIRE POUR SONDER LA CHAMBRE DE SON ÂME !!

JE DOIS LE TESTER, JE DOIS SAVOIR S'IL POSSÈDE DES POUVOIRS !

TOUT À L'HEURE, IL PLEURAIT...

IL ME REGARDE DE FAÇON SÉVÈRE...?

CET ÉGYPTIEN EST VRAIMENT CURIEUX

ON DIT QUE CELUI QUI A RÉSOLU L'ÉNIGME DU PUZZLE REÇOIT DES POUVOIRS...

LES MÊMES QUE CEUX DE NOTRE LIGNÉE FAMILIALE...

ÇA VEUT DIRE QUE CE GAMIN...

KTCH-AK

LA PREMIÈRE, DÉNUÉE DE TOUTE IMPURETÉ... L'INNOCENCE MÊME...

IL EXISTE DEUX CHAMBRES DANS L'ÂME DE CE GARÇON !!

LA PORTE DE LA SECONDE VIENT DE S'OUVRIR...

DANS LA CHAMBRE DE MON ÂME !

HÉ HÉ... SI TU EN AS LE COURAGE, JE T'INVITE À ME REJOINDRE !

Battle 14
L'HOMME QUI VENAIT D'ÉGYPTE
(seconde partie)

IL Y A UN JEU QUI T'ATTEND !!

...!

PAR CONTRE, CE GAMIN EN POSSÈDE UNE DEUXIÈME...

LOURDE ET GLACIALE...

DANS MA VIE, J'AI VISITÉ UN CERTAIN NOMBRE DE CHAMBRES...

ELLES SONT TOUTES DIFFÉRENTES, MAIS D'HABITUDE UN HOMME N'EN POSSÈDE QU'UNE SEULE...!

SRAP

ALORS ? TU AS PEUR ?

ALLEZ, COU-RAGE !

JE SUIS ICI POUR CONNAÎTRE LA NATURE DU POUVOIR QUE TE DONNE LE PUZZLE MILLÉNAIRE.

OUI, JE LE CONNAIS...

TU CONNAIS L'EXISTENCE DU PUZZLE...

JE SAIS AUSSI QUE C'EST UN ITEM, UN OBJET DES TÉNÈBRES...

IL EST VIEUX DE 3000 ANS, IL ÉTAIT DANS LA VALLÉE DES ROIS...

IL EN EST QUESTION DANS LES ÉCRITS DE PEL EM FLUHL...

CE SONT DES MAGICIENS GARDIENS DES TOMBEAUX QUI L'ONT INVENTÉ POUR CHASSER LES PILLARDS QUI S'EN PRENNENT AUX TRÉSORS ROYAUX...

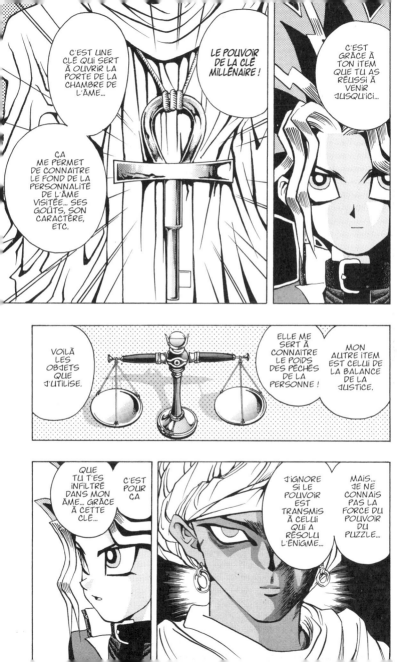

CE N'EST PEUT-ÊTRE QU'UN DÉBUT...

NON...

ÇA VEUT DIRE QUE JE VIENS DE PERDRE AU JEU...?

AH OUI...?

ADIEU...

GROOOW

DITES...

ÇA VA ?

DOMF

ÇA IRA...

OUI...

VOUS VOUS ÊTES ENDORMI, SANS BOUGER...

ÇA VA ALLER ?

VOUS AVEZ MAUVAISE MINE !

JE SUIS ENTRÉ DANS SON ÂME POUR LE SONDER, MAIS...

... C'EST MOI QUI ME SUIS FAIT TESTER PAR CETTE ÉPREUVE

HAH

HAH

QUAND LES DEUX PERSONNALITÉS VONT SE RÉUNIR EN UNE SEULE... À CET INSTANT, LE PUZZLE DÉLIVRERA TOUS SES POUVOIRS !

CE GAMIN POSSÈDE DEUX PERSONNALITÉS... ET IL NE LE SAIT PAS...

TU DEVRAS CE JOUR-LÀ PERCER LE MYSTÈRE DES VÉRITABLES POUVOIRS QUI SOMMEILLENT DEPUIS TROIS MILLE ANS DANS TON PUZZLE !!

C'EST LE DEVOIR DE CELUI QUI A RÉUSSI À MONTER LE PUZZLE !!

COM-MENT ...?!

TU DOIS REMPLIR UN OBJECTIF... TU DEVRAS DÉCOUVRIR TON AUTRE TOI QUI EST CACHÉ DANS TON ÂME !!

YUGI...

MON NOM EST SHAHDI.

C'EST LA PREMIÈRE FOIS DE MON EXISTENCE QUE JE DONNE MON NOM À QUELQU'UN...

UN AUTRE MOI... ?????

LE VÉRITABLE POUVOIR DU PUZZLE ?!!!!!

Battle 15 L'AUTRE COUPABLE

IL M'A PARLÉ D'UN "AUTRE MOI"... MAIS AUSSI DU VÉRITABLE SECRET CONTENU DANS LE PUZZLE...

SHAHDI...

MAIS DE QUOI S'AGIT-IL...?

HEIN ...?!

TU AS ÉCOUTÉ LES INFOS ?!

YÛGI, C'EST TERRIBLE !!!

GTCHANK

J'ARRÊTE D'Y PENSER !

J'AI LA TÊTE COMPLÈTEMENT CONFUSE !

ET LA SIGNIFICATION DE SES DERNIÈRES PAROLES ...?

IL DISAIT QU'IL DEVAIT PUNIR UN AUTRE PERSONNAGE...

Battle 15
L'AUTRE COUPABLE

LES INFOS ONT PARLÉ DE LA DÉCOUVERTE DU CADAVRE DU CONSERVATEUR DU MUSÉE...

IL PARAÎTRAIT QUE LE DÉCÈS SERAIT DÛ À L'EXPLOSION DU COEUR...

MAIS, D'APRÈS LE MÉDECIN LÉGISTE, CE TYPE DE DÉCÈS EST INCONCEVABLE...

ET...

C'EST AINSI QUE LA TV A PARLÉ DE L'ACCIDENT !

... ON ÉVOQUE LA POSSIBILITÉ D'UNE MALÉDICTION QUI FRAPPERAIT CELUI QUI AURAIT VIOLÉ UNE SÉPULTURE ROYALE...

ON PENSE ÉGALEMENT QUE LES MÉDIAS DE L'ÉPOQUE EN ONT PAS MAL RAJOUTÉ POUR GAGNER L'INTÉRÊT DU PUBLIC...

APRÈS LES DIFFÉRENTS DÉCÈS INEXPLIQUÉS QUI ONT SUIVI LA DÉCOUVERTE DE LA TOMBE DE TOUTANKHAMON, IL S'EST DIT BEAUCOUP DE CHOSES...

ON NE CONNAÎT PAS LA VÉRITÉ...

DIS-MOI, PAPY, ÇA EXISTE VRAIMENT... LES MALÉDICTIONS ?

JE NE SAURAIS TE LE DIRE...

ÇA FAIT DRÔLE... ON VENAIT JUSTE DE LE RENCONTRER

!

LE PROFESSEUR YOSHIMORI EST L'AUTRE DÉCOUVREUR DE LA TOMBE !

IL Y A UNE CHOSE QUI ME PRÉOCCUPE EN CE MOMENT...

ÇA M'A FOUTU UN CHOC, ON VENAIT JUSTE DE LE RENCONTRER !

J'AI VU LES INFOS À LA TV !

HÉ, YÛGI !

ANZU !

JÔNO-UCHI !

JE CROIS QUE VOUS FERIEZ MIEUX DE NE PAS VENIR...

LE PROFESSEUR DOIT ÊTRE MIEUX INFORMÉ SUR L'ACCIDENT.

JUSTEMENT, ON PENSAIT ALLER RENDRE UNE VISITE AU PROFESSEUR YOSHIMORI !

DANS CE CAS, ON Y VA TOUS ENSEMBLE...

HO HO-

J'AI COMME UNE INTUITION...

JÔNO-UCHI...

ANZU...

ÇA Y EST, IL REMET ÇA... QUEL CRÉTIN...

J'SUIS CERTAIN QUE ÇA DOIT ÊTRE UNE MALÉDICTION...

UMPS

SALLE DE RECHERCHE ARCHÉOLOGIQUE

FACULTÉ DE DOMINO

C'EST ABSURDE... LA MALÉDICTION, ÇA N'EXISTE PAS...

J'AI CRU ENTENDRE QUELQUE CHOSE...?

KTAK

URHH ~

LA JOURNÉE A ÉTÉ DURE, ÇA DOIT ÊTRE LA FATIGUE...

UN PEU DE RÉCONFORT NE ME FERA PAS DE MAL...

MUTÔ ET SON NEVEU NE DEVRAIENT PAS TARDER À ARRIVER...

VOILÀ L'UN DE CEUX QUI ONT VIOLÉ LA SÉPULTURE DANS LA VALLÉE DES ROIS...

ZDONG

IL NE SERAIT PAS ÉTONNANT DE J'Y TROUVE DES TRACES DE SES PÊCHES...

AVANT SA CONDAMNATION À MORT, DE VAIS UTILISER LA CLÉ MILLÉNAIRE POUR VOIR CE QUE RENFERME LA CHAMBRE DE SON ÂME !

IL VA SUBIR LE CHÂTIMENT D'ANUBIS ...

GROOOOOO

KTCHAK

DONG

IL Y A ÉGALEMENT UN CERTAIN NOMBRE D'OBJETS RÉCUPÉRÉS DES FOUILLES ARCHÉOLOGIQUES...

SON ÂME EST EMPLIE PAR UNE PASSION OBSESSIONNELLE POUR L'ARCHÉOLOGIE.

À PREMIÈRE VUE, ON N'Y VOIT QUE DES ÉTAGÈRES REMPLIES DE LIVRES CONCERNANT L'ARCHÉOLOGIE.

C'EST DONC ÇA LA CHAMBRE DE SON ÂME... JE VOIS...

180

ON Y EST !

FACULTÉ DE DOMINO

JŌNO-UCHI, JE NE TE SAVAIS PAS AUSSI TROUILLARD !

UNE ÉCOLE LA NUIT... QU'EST-CE QUE C'EST LUGUBRE !

IL FAIT DÉJÀ NUIT, ÇA PASSE VITE...

Salle de recherche archéologique

C'EST LÀ !

184

PROFESSEUR, EXCUSEZ-NOUS POUR CE RETARD...

ALLEZ, ENTREZ, JE VOUS EN PRIE...

MERCI !

うう ゔゔ ヘ

MERCI D'ÊTRE VENUS !!!

ON AVAIT DIT D'ÉVITER DE PARLER DU MUSÉE !!

ABRUTI !

MINCE !!!

ON A DES CADEAUX POUR VOUS REMERCIER DE LA VISITE DU MUSÉE...

PRO-FES-SEUR !

TU NE TROUVES PAS QU'IL A L'AIR EN FORME ?

OUI...

J'ÉTAIS IMPATIENT DE VOUS VOIR.

HÉ HÉ HÉ...

HÉ HÉ...

LA CARTE AUX LONGS CROCS (fin)

YU-GI-OH!

© 1996 by Kazuki TAKAHASHI
All rights reserved
First published in Japan in 1996 by Shueisha Inc., Tokyo
French language translation rights in France arranged by Shueisha Inc.
Première édition Japon 1996

Dépôt légal d/1999/0086/32
ISBN 2-87129-224-8

Conception graphique : Les Travaux d'Hercule
Traduit et adapté en français par Sébastien Gesell
Lettrage : Eric Montésinos

Imprimé en Italie par G. Canale & C. S.p.A. - Borgaro T.se (Torino)